AF557187
aracariverlag

Inhalt

VORWORT

Kinder kochen wahnsinnig gern – für sich und für andere! Es ist toll, eigenständig zu entscheiden, was auf den Tisch kommt. Und am besten schmecken doch immer die Sachen, die man selbst liebevoll geschnippelt und zubereitet hat – ganz nebenbei übt man auch noch Zählen, Wiegen und Messen.

In diesem Kinderkochbuch wird diese Begeisterung für das Essen und Kochen auf ungewöhnliche Art und Weise geweckt und unterstützt – sogar bei kleinen Essensverweigerern, denn als Grundzutaten der Rezepte dient das Lieblingsessen ihrer Lieblingstiere. Der Schimpanse zum Beispiel isst gerne Bananen und Termiten. Hierzu passend gibt es leckere, lustige und einfach zuzubereitende Rezeptvorschläge wie «Bananenmilchshake» oder «Bananenpfannkuchen». Es werden aber nicht nur tierisch gute Rezepte vorgestellt, sondern auch mit viel Humor Wissenswertes über das Tier und sein Essverhalten vermittelt. Wussten Sie etwa, dass es unter den Schimpansen verschiedene Bananenschältechniken gibt oder dass Schimpansen selbst gebastelte Astgabeln zum Bananenpflücken benutzen? Das Thema «Essen» an sich wird so viel spannender für die Kinder, da sie sich mit den Tieren identifizieren können.

Damit beim Kochen nichts danebengeht, sollten Kinder nur unter Aufsicht oder Einhaltung bestimmter Regeln kochen und auch stets nur ihrem Alter und ihren Fähigkeiten entsprechend mitarbeiten. Die unterstützende Hand eines Erwachsenen sollte nie fehlen! Auch kleine Kinder können bereits viel in der Küche helfen. Sei es das Abwaschen der Zutaten, das Verkneten von Teig oder das Anrichten.

Wir wünschen viel Spaß
und einen guten Appetit!

Küchengeräte
Pfanne
Topf
Schüssel
Kochlöffel
Schaumlöffel
Abtropfsieb
Schneebesen
Nudelholz
Strohhalm
Ausstechform
Handmixer
Holzspieß
Stabmixer
Reibe
Waffeleisen
Kartoffelpresse
Küchenpapier
Frischhaltefolie
Backblech
Backpapier
Springform
Auflaufform
Waage
Messbecher

ABKÜRZUNGEN

(Gewicht, Zeit, Länge, Menge)

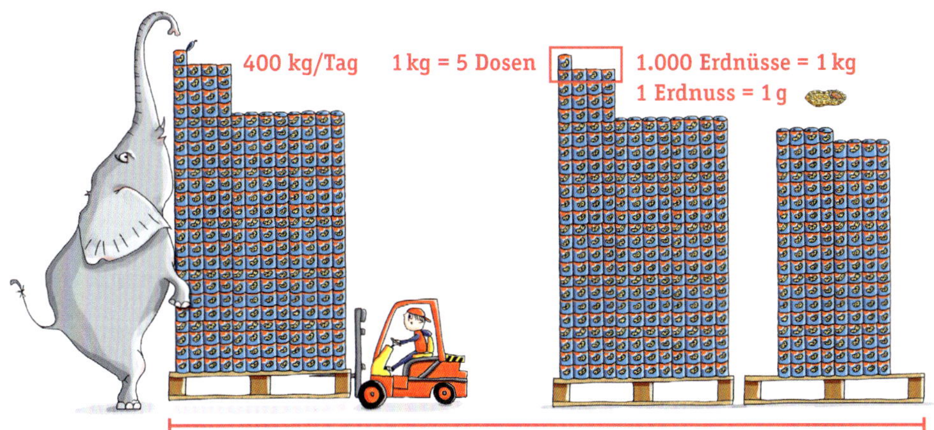

Elefanten fressen täglich bis zu 400 Kilogramm (kg) (= 2.000 Dosen Erdnüsse). In 2.5 Tagen fressen sie 1 Tonne (t) (= 5.000 Dosen Erdnüsse!). Eine Erdnuss wiegt 1 Gramm (g). 1.000 Erdnüsse wiegen 1 Kilogramm (kg) (= 5 Dosen Erdnüsse).

Ihre Tagesration fressen Elefanten innerhalb von 17 Stunden (Std.). Demnach frisst ein Elefant in einer Stunde ca. 118 Dosen Erdnüsse. Innerhalb einer Minute (Min.) verputzt er ca. 2 Dosen Erdnüsse, das sind 7 Erdnüsse in einer Sekunde (Sek.)!

Kaninchenzähne wachsen innerhalb von drei Tagen um 1 Millimeter (mm). In einem Monat wachsen Kaninchenzähne ca. 1 Zentimeter (cm)!

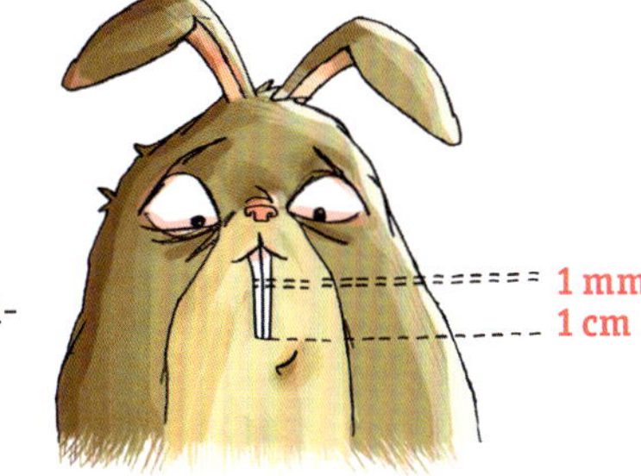

Die Schwanzlänge einer Löwin beträgt 1 Meter (m). Mit 6-Meter-Sprüngen reißen Löwen ihre Beute zu Boden. Würden sie 167-mal hintereinander springen, hätten sie etwa einen Kilometer (km) zurückgelegt.

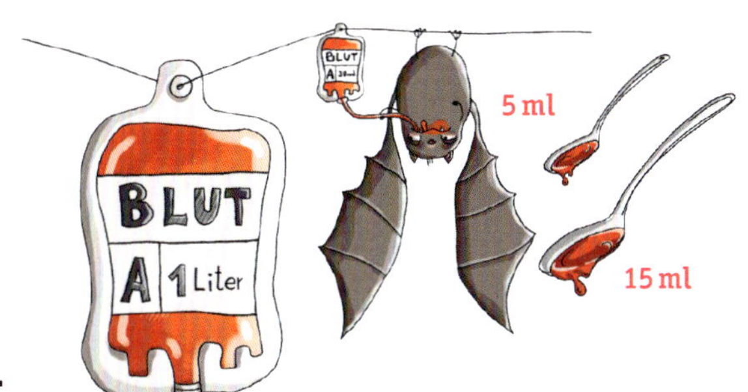

Die Vampirfledermaus trinkt 20 bis 30 Milliliter (ml) Blut pro Mahlzeit. Das entspricht 4 – 6 Teelöffeln (TL) oder 1.5 – 2 Esslöffeln (EL).

1 Liter (l) Blut würde für ungefähr 40 Mahlzeiten reichen.

GEWICHT

1.000 g = 1 kg
1.000 kg = 1 t

ZEIT

60 Sek. = 1 Min.
60 Min. = 1 Std.
24 Std. = 1 Tag

LÄNGE

10 mm = 1 cm
100 cm = 1 m
1.000 m = 1 km

MENGE

5 ml = 1 TL
15 ml = 1 EL
100 ml = 1 dl
1.000 ml = 1 l

ABKÜRZUNGEN

Pkg. = Packung
z. B. Fischstäbchenpackung
TL = Teelöffel
EL = Esslöffel

Schimpanse

Lieblingsessen: Bananen und Termiten

Schimpansen sind im Tierreich unsere nächsten lebenden Verwandten. Sie sind uns sehr vertraut, weil ihr Verhalten unserem sehr ähnlich ist. Schimpansen fressen gerne Bananen, aber auch Termiten dienen als abwechslungsreiche Ergänzung ihres Speiseplans.

Bananenschältechnik

Schimpansen schälen die Bananen nicht von Natur aus so wie wir Menschen von oben nach unten, sondern schälen sie entweder von unten nach oben oder beißen die Schale einfach in der Mitte auf. Diese Technik schauen sie sich von ihrer Familie ab.

Werkzeug

Schimpansen zählen zu den intelligentesten Tieren. Um an Nahrung zu kommen, benutzen sie sogar selbst gebasteltes Werkzeug! Mit Stöcken fischen sie Termiten aus ihrem Bau, mit Holzkeulen zerschlagen sie Bienenstöcke, um Honig zu erbeuten, mit Hilfe einer Astgabel pflücken sie Bananen von der Staude und mit Steinen klopfen sie Nüsse auf.

diverse Stöcke zum «Termitenfischen»

Astgabel zum «Bananenpflücken»

Holzkeule zum «Bienenstockdreschen»

Hölzer und Steine in verschiedenen Härtegraden zum «Nüsseknacken»

Teilen

Bisher dachte man, nur Menschen teilen ihr Essen miteinander, aber auch Schimpansen teilen ihre Nahrung gerecht mit anderen Artgenossen.

REZEPTE

BANANENPFANNKUCHEN

Zubereitung:
Mehl, Milch, Eier, Salz und Zucker in einer Schüssel verrühren. Den Teig portionsweise in heißer Butter in einer Pfanne zu Pfannkuchen backen und warm stellen.

Bananen schälen, in Scheiben schneiden und in heißer Butter kurz braten. Die Pfannkuchen damit füllen und mit den Kokosflocken bestreuen. Fertig!

Zutaten für 4 Portionen:

200 g	Mehl
400 ml	Kokos- oder Kuhmilch
3	Eier
1 Prise	Salz
2 EL	brauner Zucker
etwas	Butter
4	Bananen
einige	Kokosflocken

EINFACH! ZUBEREITUNGSZEIT: 15 MIN.

BANANENMILCHSHAKE

Zubereitung:
Bananen pürieren, mit Vanillinzucker vermischen und mit Milch auffüllen. Gut verrühren.

Tipp: Dazu passen hervorragend «Termiten am Stock»!

Zutaten für 2 Portionen:

3	reife Bananen
2 Pkg.	Vanillinzucker
500 ml	Milch

GANZ EINFACH! ZUBEREITUNGSZEIT: 5 MIN.

TERMITEN AM STOCK

Zubereitung:
Kuchenglasur gemäß Packungsbeilage erwärmen und anschließend die Grissini in diese eintauchen oder damit bestreichen. Grissini mit Kuchenglasur in den Schokoladenstreuseln wälzen. Fertig!

Tipp: Wenn du die fertigen «Termiten am Stock» in den Kühlschrank legst, wird die Schokolade schneller fest. Servieren kannst du sie zum Beispiel in einem Becher.

Zutaten:

1 Pkg.	Grissini
1	Schokoladenkuchenglasur
1 Pkg.	Schokoladenstreusel

GANZ EINFACH! ZUBEREITUNGSZEIT: 10 MIN.

Feldhamster

Lieblingsessen: Erbsen und Mais

Feldhamster gehören zu den Nagetieren. Typisch für Feldhamster sind ihre großen Hamsterbacken und ihr Sammeleifer. Sie werden abends putzmunter und gehen auf Futtersuche. Am liebsten fressen sie Mais und Erbsen.

Vorratskammer

Jeder Hamster lebt in seinem eigenen Erdbau, der aus einer Wohnkammer und einer Vorratskammer besteht. Der Erdbau befindet sich bis zu einem Meter unter der Erde. Damit die Vorratskammer im kalten Winter gefüllt ist, sammelt er eifrig Futter. Das säubert und sortiert er. Der Hamster besitzt sogar einen «Hamster-Kühlschrank», in dem er seine erbeuteten Käfer, Schnecken, Regenwürmer und Spinnen frisch hält. Um Überwintern zu können, benötigt er mindestens 2 kg Nahrung als Vorrat.

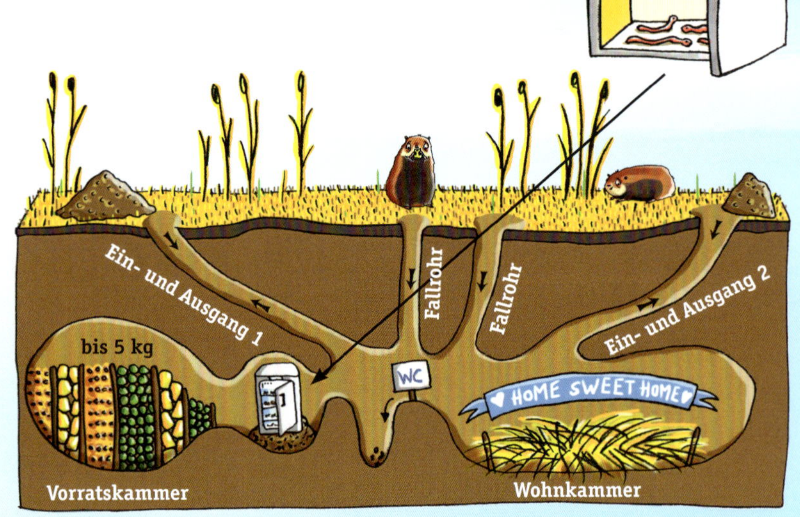

Wie viele Maiskörner hat der Feldhamster schon in seinen Backentaschen? Zähl doch mal nach!

Innen liegende Backentasche, Seitenansicht

Backentragetaschen

Das viele Futter trägt der Hamster in seinen Backentaschen. Diese liegen wie zwei Einkaufsbeutel rechts und links am Kopf und reichen bis zu den Schultern. In jede Backentasche passen etwa 50 g Futter. Mit seinen Pfoten leert der Hamster seine Backentaschen ganz einfach: Er streicht von hinten nach vorn darüber und schon purzelt das Futter heraus. Bei Gefahr können Hamster sogar ihren Nachwuchs in ihren Backentaschen tragen.

Futtern und Schlafen

Der Hamster hält ab Ende August bis März Winterschlaf in seinem Bau. Er schläft aber nicht den ganzen Winter, sondern wacht alle paar Tage auf, um von seinem Vorrat zu naschen.

ERBSENSUPPE MIT WÜRSTCHEN

Zubereitung:
Petersilie abwaschen, klein hacken und zur Seite stellen. Zwiebeln schälen, in kleine Würfel schneiden und in 4 EL Butter in einem großen Topf bei mittlerer Temperatur glasig andünsten. Erbsen dazugeben und nochmals ca. 3 Min. dünsten. Brühe und Crème fraîche dazugeben und ca. 10 Min. bei schwacher Hitze köcheln lassen. Gelegentlich umrühren.

In der Zwischenzeit Würstchen in einem separaten Topf im Wasser erwärmen, aber nicht kochen!

Die Suppe pürieren, mit Salz und Pfeffer abschmecken und zwei Drittel der Petersilie hinzufügen. Anschließend die Suppe in tiefe Teller geben und mit etwas Petersilie garnieren. Jeweils 2 Würstchen auf die Suppe legen. Fertig!

Zutaten für 4 Portionen:

3	Stängel Petersilie
4	kleine Zwiebeln
4 EL	Butter (ca. 90 g)
700 g	tiefgefrorene Erbsen
400 ml	Gemüsebrühe
250 g	Crème fraîche
8	Würstchen
etwas	Salz
etwas	weißer Pfeffer

POPCORN WIE IM KINO

Zubereitung:
Eine möglichst breite Pfanne (antihaftbeschichtet) erhitzen, 120 g (8 EL) Popcornmais hineinstreuen und sofort mit einem Deckel zudecken. Bei niedriger Temperatur warten, bis alle Körner aufgesprungen sind (so lange, bis kein Poppgeräusch mehr zu hören ist), in eine Schüssel geben und nach Belieben mit Salz oder Zucker bestreuen. Schon fertig!

Zutaten für 4 Portionen:

120 g	Popcornmais
etwas	feines Salz oder Zucker

WildKaninchen

Lieblingsessen: Karotten und Löwenzahn

Kaninchen kommen bei Dämmerung aus ihrem sicheren unterirdischen Bau heraus und gehen auf Nahrungssuche. Am liebsten fressen sie Karotten und Löwenzahn.

Probebiss

Kaninchen haben ein angeborenes Gespür dafür, was sie fressen dürfen und was nicht. Als Erstes riechen sie an der Pflanze. Mit einem Probebiss testen sie, ob die Pflanze giftig ist. Nur wenn die Pflanze essbar schmeckt, wird sie zerkaut und heruntergeschluckt.

5-Km-Wanderung

Auf der Suche nach Futter wandern Kaninchen manchmal bis zu fünf Kilometer weit (ein Wanderer braucht ca. eine Stunde dafür!). Dabei machen sie auch vor Gemüsefeldern nicht Halt. Sie wandern immer auf denselben Wegen. Diese ausgetretenen Kaninchenwanderwege heißen Wechsel. Vielleicht entdeckst du einen im Gras?

Nachwachsende Zähne

Kaninchen haben Zähne, die ständig nachwachsen. Ihre Schneidezähne wachsen sogar bis zu 2.4 mm in der Woche. Und das muss auch so sein, denn beim Kauen (zum Beispiel von Heu) schleifen sich ihre Zähne ab und werden immer kürzer.

1 Woche
(ca. 2,4 mm)

KAROTTENPUFFER MIT KRÄUTERQUARK

Zubereitung:
Quark, Milch und Sahne in eine Schüssel geben und zu einer Creme rühren. Kräuter und Zwiebel klein schneiden und zur Quarkmischung dazugeben. Mit Salz und Pfeffer abschmecken.

Karotten putzen, raspeln und in eine Schüssel geben. Mais abtropfen lassen und mit den restlichen Zutaten in einer Schüssel vermischen. Kleine, flache Puffer formen und im Öl ausbacken. Hierzu Puffer in einer Pfanne brutzeln lassen, bis sie von beiden Seiten braun sind.

Tipp: Passen sehr gut mit Löwenzahnsalat zusammen.

Zutaten für 4 Portionen:

500 g	Quark
etwas	Milch
etwas	Sahne
1/2 Bund	Schnittlauch
1/2 Bund	Petersilie
1	Zwiebel
2 Prisen	Salz
1 Prise	Pfeffer
600 g	Karotten
1 Dose	Mais
3	Eier
40 g	Weizenvollkornmehl
etwas	Öl

LÖWENZAHNSALAT

Zubereitung:
Löwenzahnblätter und Salat gründlich abwaschen und in einem Sieb abtropfen lassen.

Joghurt, Zitronensaft und Zucker in eine Schüssel geben und verrühren. Löwenzahnblätter und Salat in kleine Stücke zerpflücken und hinzufügen. Apfel oder Karotte klein reiben und ebenfalls beigeben. Vorsichtig vermengen. Die Sonnenblumenkerne darüberstreuen. Fertig!

Zutaten für 4 Portionen:

einige	junge Löwenzahnblätter
1	Kopfsalat oder Feldsalat
1 Becher	Naturjoghurt
	Saft einer halben Zitrone
1 EL	Zucker
1	Apfel oder Karotte
1 EL	Sonnenblumenkerne

BRAUNBÄR

LIEBLINGSESSEN: LACHS UND HONIG

Braunbären sind Allesfresser. Sie ernähren sich in erster Linie von pflanzlicher Nahrung. In den Küstenregionen stehen im Sommer zu den Laichwanderungen bevorzugt Lachse auf dem Speiseplan, aber auch Honig ist für sie eine sehr willkommene Abwechslung.

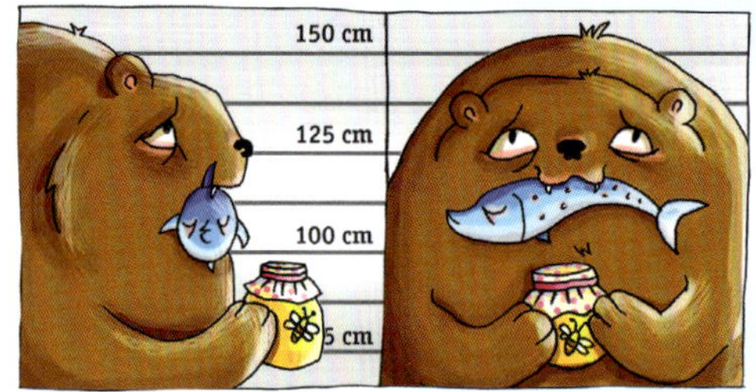

FANGTECHNIK FÜR LACHSE

Bären haben verschiedene Fangtechniken. Während die Lachse zur Laichwanderungs-zeit kleine Wasserfälle überspringen, fischen die Bären sie aus dem Wasser oder fangen sie in der Luft. Manchmal fliegt ihnen ein Lachs auch direkt ins Maul!

HONIGAUFSPÜRORGAN

Bären können schlecht sehen, dafür aber sehr gut hören und riechen. Dank ihrer feinen Nase finden sie den Honig blitzschnell.

SCHUTZANZUG

Beim Honigklauen lassen sich die Bären von den stechenden Bienen nicht vertreiben. Ihr Bärenfell ist so dick, dass sie die Stiche kaum spüren. Die einzige ungeschützte Stelle ist ihre Bärennase.

LACHS IM ZUCCHINIBETT

Zubereitung:
Backofen auf 160 °C (Umluft 140 °C) vorheizen.

Lachsfilet in 8 gleich große Stücke schneiden, säubern, mit Zitrone beträufeln und salzen. Olivenöl und 2 EL Butter in einer Pfanne erhitzen. Lachsstücke darin kurz auf beiden Seiten anbraten. Danach in eine Auflaufform geben und im Ofen etwa 8 Min. garen.

Zucchini putzen und in dünne Streifen schneiden. 1 EL Butter in einer Pfanne erhitzen und Zucchinistreifen darin etwa 3 Min. bissfest dünsten. Dann mit Salz bestreuen und auf vorgewärmten Tellern verteilen.

Kräuter klein hacken und damit die Zucchini bestreuen. Noch die Lachsfilets auf den Tellern anrichten. Fertig! (Dazu passt Wildreis.)

Zutaten für 4 Portionen:

500 g	Lachsfilet
1	Zitrone
1 Prise	Salz
4 EL	Olivenöl
3 EL	Butter
2	frische, mittlere Zucchini
einige	frische Kräuter wie Dill oder Petersilie

HONIGWAFFELN

Zubereitung:
Margarine in eine Schüssel geben und mit dem Mixer schaumig schlagen. Honig und Vanillinzucker dazugeben und unterrühren. Dann die Eier einzeln einrühren.

Vollkornmehl mit Backpulver mischen und mit der Milch abwechselnd zur Masse geben.

Das Waffeleisen anheizen und leckere goldgelbe Waffeln backen. Dazu die Früchte reichen. (Achtung: Waffeleisen bei Bedarf vor Benutzung einfetten!)

Zutaten für 4 Portionen:

125 g	Margarine
3 EL	Honig
1 Tüte	Vanillinzucker
2	Eier
250 g	Vollkornmehl
1/2 TL	Backpulver
1/2 l	Milch
einige	Früchte wie «Erdbären» oder «Heidelbären»

Weißer Hai

Lieblingsessen: Robben und Thunfische

Keine Menschen!

Weiße Haie sind die genialsten Raubfische der Welt. Durch ihre scharfen Sinne sind sie die perfekten Jäger. Sie fressen am liebsten Robben und Thunfische.

7 Supersinne

Um ihre entfernte oder versteckte Beute orten zu können, müssen Haie ausgezeichnete Sinne haben. In über 400 Millionen Jahren Evolution haben sich ihre Sinne zu Hochleistungssensoren entwickelt. Weiße Haie sehen im Dunkeln besser als Katzen, riechen bis zu 10.000-mal besser als wir, hören sehr gut und haben einen hoch entwickelten Geschmackssinn. Sie können die Druckwellen und sogar den Herzschlag ihrer Beute spüren!

1 + 2 Weiße Haie schmecken nicht nur mit der Zunge. Sie schmecken auch über ihre Haut! Sie «probieren» ihre Beute, indem sie sich an dem Tier reiben.

3 Haie besitzen ein besonderes Sinnesorgan in ihrer Schnauze, mit dem sie elektrische Felder, beispielsweise den Herzschlag von Tieren, spüren können. Dadurch finden sie ihre Beute auch im Dunkeln und in Verstecken, wie zum Beispiel eingegrabene Tiere.

6 Haie erkennen ihre Beute auch aus großer Entfernung. Mit ihrer Nase riechen sie ein verletztes Tier, wenn es nur ein paar Tropfen Blut im Meer verloren hat.

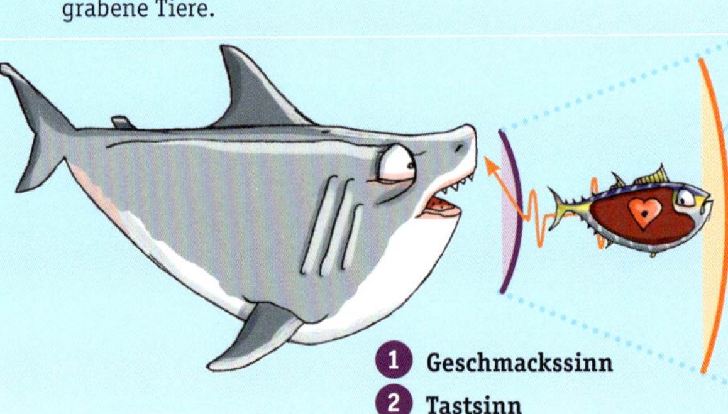

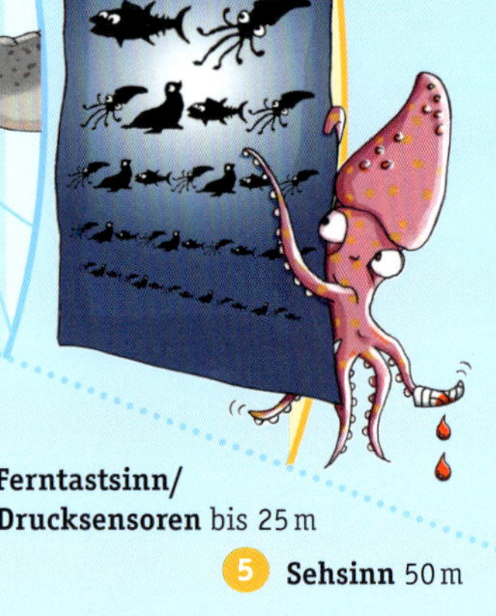

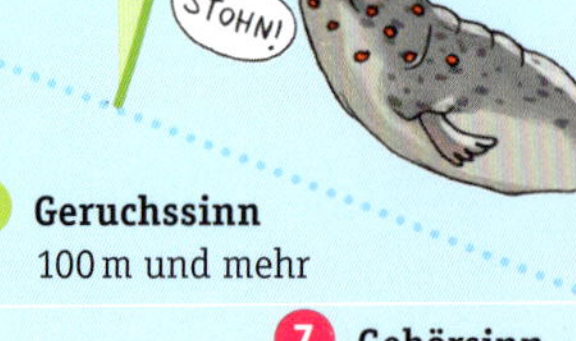

1 **Geschmackssinn**

2 **Tastsinn**

3 **Spürsinn/Elektrische Sensoren** bis 10 cm

4 **Ferntastsinn/Drucksensoren** bis 25 m

5 **Sehsinn** 50 m

6 **Geruchssinn** 100 m und mehr

7 **Gehörsinn** mehrere Kilometer

4 Ein weiterer besonderer Sinn der Haie ist der Ferntastsinn. So wie wir Wind auf unserer Haut spüren, spüren Haie auf ihrer Haut die Druckwellen schwimmender Beutetiere.

5 Weiße Haie haben sehr gute Augen. Selbst tief unten, im stockdunklen Meer, können sie Beutetiere noch erkennen.

7 Weiße Haie hören sehr gut, obwohl man ihre Ohren von außen gar nicht sehen kann. Sie hören sogar die Geräusche von Meeresbewohnern, die viele Kilometer entfernt sind.

SCHNELLE THUNFISCH-SPAGHETTI

Zutaten für 4 Portionen:

250 g	Spaghetti
etwas	Salz
1 TL	frische Oreganoblätter (klein gehackt)
200 g	Kirschtomaten
2 Dosen	Thunfisch in Olivenöl (ca. 160 g/Dose)
200 ml	Sahne
etwas	Pfeffer

Zubereitung:
Spaghetti im Salzwasser nach Packungsanleitung kochen. Nebenbei Oreganoblätter klein hacken und Tomaten vierteln.

Beide Dosen Thunfisch mit dem Öl in einem Topf erhitzen. Dann Sahne, Oregano sowie Tomaten dazugeben und kurz aufkochen lassen. Mit Salz und Pfeffer abschmecken.

Sobald die Nudeln fertig gekocht sind, diese abtropfen lassen und zusammen mit der Soße auf Tellern anrichten. Fertig!

Tipp: Wenn du möchtest, kannst du die Soße zuvor noch pürieren.

EINFACH! ZUBEREITUNGSZEIT: 15 MIN.

HEIßE ROBBE

Zutaten für 4 Portionen:

500 ml	Apfelsaft
500 ml	heller Traubensaft
1 TL	Anis
2 Stangen	Zimt
4	Nelken
1 EL	Honig

Zubereitung:
Alle Zutaten in einen Topf geben und 5 Min. bei mittlerer Hitze köcheln lassen. Nicht kochen!

Anschließend Anis, Zimt und Nelken absieben. Fertig!

GANZ EINFACH! ZUBEREITUNGSZEIT: 10 MIN.

LÖWE

LIEBLINGSESSEN: ZEBRAS

Löwen sind reine Fleischfresser. Sie jagen hauptsächlich nachts oder in den kühlen Morgenstunden. Am liebsten fressen sie Zebras, Antilopen, Gazellen, Gnus und Büffel.

JÄGERINNEN

Löwenmännchen überlassen die Jagd meist den Weibchen, denn sie sind die besseren und geschickteren Jäger. Löwen können bis zu 60 Kilometer pro Stunde schnell rennen, sind aber nicht sehr ausdauernd. Darum schleichen sie sich als Gruppe von verschiedenen Seiten bis zu 30 Meter an ihre Beute heran, um diese zu umzingeln. Dabei müssen sie gut getarnt sein: Ihr Löwenfell hat die gleiche Farbe wie das Gras, sodass man sie darin kaum sehen kann.

In diesem Bild haben sich 4 Löwinnen versteckt. Findest du sie?

6-METER-SPRÜNGE

Im richtigen Moment springen die Löwen ihre Beute an und reißen durch die Wucht des Aufpralls sogar viel schwerere Tiere, wie auch das Zebra, zu Boden. Ein Sprung ist dabei bis zu sechs Meter lang.

WER ISST ZUERST?

Beim Fressen gilt eine strenge Reihenfolge: Der Rudelanführer frisst zuerst. Erst wenn er satt ist, sind die anderen Mitglieder aus dem Rudel dran. Die erwachsenen Männchen fressen als Nächstes, danach die Weibchen und zum Schluss sind die Jungtiere an der Reihe.

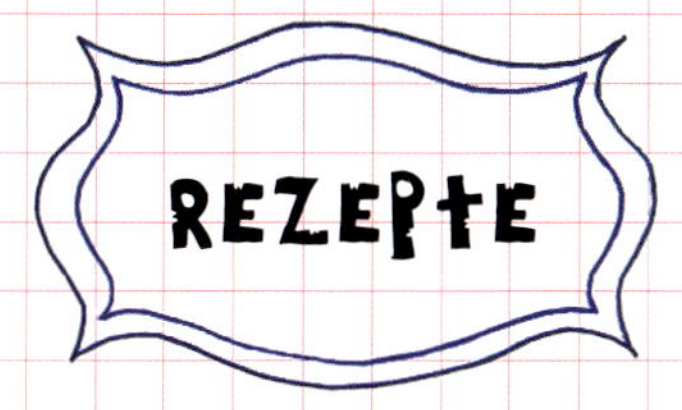

ZEBRASTEAK

Zubereitung:
Champignons putzen und in sehr dünne Scheiben schneiden. Salat waschen, putzen und trocken tupfen. Tomaten waschen, trocken tupfen und vierteln. Salat, Tomaten und Champignons mischen.

Avocado schälen, halbieren und den Stein entfernen. Fruchtfleisch klein schneiden und in ein hohes Gefäß geben. Joghurt, 2 EL Zitronensaft und Milch dazugeben und mit einem Pürierstab pürieren. Mit Salz und Pfeffer abschmecken.

Fleisch trocken tupfen, halbieren und mit Salz und Pfeffer würzen. Olivenöl in eine beschichtete Pfanne geben. Fleisch darin unter Wenden ca. 5 Min. braten. Mit Mayonnaise Zebrastreifen auf das Fleisch malen und dann mit dem Salat und dem Avocadodressing auf Tellern anrichten.

Zutaten für 4 Portionen:

200 g	Champignons
4 Handvoll	Pflücksalat
16	Kirschtomaten
1	große Avocado
250 g	Joghurt
1	Zitrone
125 ml	Milch
etwas	Salz und Pfeffer
4	Rindsschnitzel (je ca. 100 g)
2 TL	Olivenöl
etwas	Mayonnaise

ZEBRAKUCHEN

Zubereitung:
Sorgfältig bei allen Eiern das Eigelb vom Eiweiß trennen. Eiweiß mit dem Mixer steif schlagen.

Für den Teig Butter in einem Topf vorsichtig zergehen lassen. Eigelbe, Zucker und Vanillinzucker in eine Schüssel geben und mit dem Mixer auf höchster Stufe schaumig schlagen. Butter-Vanille-Aroma, Wasser und flüssige Butter unterrühren. Mehl mit Backpulver mischen, sieben und nach und nach unter die Eimasse geben. Danach Eischnee sehr vorsichtig unterheben. Teig in zwei Schüssel aufteilen. Eine Hälfte des Teiges mit dem Kakaopulver vermischen, die andere Hälfte bleibt hell.

In eine gefettete Springform (ca. 21 cm Durchmesser) wird nun schichtweise der Teig eingefüllt. Hierzu zuerst 2 EL des dunklen Teiges in die Mitte geben – nicht verteilen! Darauf und nicht daneben (!) 2 EL des hellen Teiges geben. Dabei sollte mit 2 Löffeln gearbeitet werden. Diesen Vorgang so lange wiederholen, bis der helle und der dunkle Teig vollständig aufgebraucht sind. Teig nicht glatt streichen! Er verteilt sich von allein.

Kuchenform in den Ofen stellen und bei 180 °C Umluft ca. 60 Min. backen.

Zutaten für 1 Kuchen:

5	Eier
200 g	Butter
250 g	Zucker
1 Pkg.	Vanillinzucker
1	kleine Flasche Butter-Vanille-Aroma
175 ml	lauwarmes Wasser
375 g	Mehl
1 Pkg.	Backpulver
5 EL	Kakaopulver

Tipp: Du kannst auf dünne Pappe einen Zebrakopf malen, ausschneiden und in das Kuchenstück stecken! Finde die «Zebrakopf-Vorlage» auf www.aracari.ch

ZIEGE

LIEBLINGSESSEN: WILDKRÄUTER UND KLEE

Ziegen wandern den ganzen Tag über Wiesen und suchen nach Futter. Am liebsten fressen sie Wildkräuter und Klee.

NASCHZIEGE

Ziegen naschen gerne vom Feinsten und suchen sich die saftigsten Kräuter heraus. Sie klettern sogar auf Bäume, um an frische Blätter zu kommen. Dabei sind sie trittsicher und schwindelfrei.

WIEDERKÄUER

Ziegen fressen nur Pflanzen, und die sind schwer zu verdauen. Deshalb sind Ziegen Wiederkäuer und haben einen vierteiligen Magen, der hilft, die Nahrung zu zerkleinern. Die vier Mägen heißen:

1. Pansen
2. Netzmagen
3. Blättermagen
4. Labmagen

1. Die Ziege zupft mit der Zunge Klee ab, kaut kurz und schluckt ihn herunter. Der Klee landet im ersten Magen (Pansen). Durch kräftige Muskelbewegungen wird der Mageninhalt zwischen Pansen und Netzmagen hin- und hergeschleudert und vermischt.

2. Die Ziege würgt diesen Kleebrei wieder hoch ins Maul und kaut jetzt richtig lange. Das nennt man Wiederkäuen. Das wiederholt sie so lange, bis der Klee ganz klein gekaut ist.

3. Die kleinen Teilchen wandern weiter in den Blättermagen, die großen wandern zum Wiederkäuen zurück ins Maul. Im Blättermagen werden die lebenswichtigen Nährstoffe aufgesaugt.

4. Der letzte Magen der Ziege heißt Labmagen. Hier findet die eigentliche Verdauung statt. Er funktioniert so ähnlich wie unser Magen. Mit Hilfe von Magensäure wird der Kleebrei weiter zersetzt und geht dann in den Darm über.

SCHLÄGT AUF DEN MAGEN

Ziegen sind sehr feinfühlige Tiere. Werden sie z. B. verkauft, sind sie tagelang traurig und haben dann auch gar keinen Appetit.

MEIN HERZ TUT WEH – ICH MAG KEIN' KLEE...

Kräuterknödelchen

Zubereitung:
Brötchen in kleine Würfel schneiden. Milch erhitzen und über die Brötchen gießen, ca. 20 Min. ziehen lassen. In der Zwischenzeit Petersilie, Schnittlauch, Majoran und Thymian klein hacken.

Die Eier verquirlen und über die Brötchen geben. Petersilie, Schnittlauch, Majoran, Thymian, nach Wunsch Muskatnuss hinzufügen und die Masse gründlich durchkneten. Falls der Teig zu weich sein sollte, Paniermehl nach Bedarf zufügen. Für die Knödel reichlich Salzwasser zum Kochen aufsetzen.

Die Zwiebel klein hacken und in einem Topf mit Olivenöl anbraten, nicht braun werden lassen. Die geschälten Tomaten hinzugeben. Alles etwa 15 Min. köcheln lassen. Mit nassen Händen kleine Knödel formen und portionsweise ins kochende Wasser geben. Wenn die Knödel an der Oberfläche schwimmen, noch ca. 10 Min. ziehen lassen. Die Knödel herausheben und gut abtropfen lassen.

Die Soße mit Salz und Pfeffer abschmecken. Basilikum klein hacken und nach Belieben hinzugeben und zusammen mit den Knödeln servieren.

Zutaten für Knödelchen (4 Portionen):

6	Brötchen
250 ml	Milch
1/2 Bund	Petersilie
1/2 Bund	Schnittlauch
1 TL	Majoran
1 TL	Thymian
2	Eier
etwas	Muskatnuss
etwas	Paniermehl

Zutaten für Tomatensoße (4 Portionen):

1	Zwiebel
etwas	Olivenöl
500 g	geschälte Tomaten
etwas	Salz und Pfeffer
etwas	Basilikum

Kleeblatt-Kekse

Zubereitung:
Verflüssigte Butter, Zucker und Ei in eine Schüssel geben und mit einem Löffel verrühren. Dann Mehl und Salz hinzugeben und zu einem Teig verarbeiten. Teig in Frischhaltefolie einwickeln und ca. 30 Min. kalt stellen.

Teig auf einer mit Mehl bestäubten Arbeitsfläche ca. 4 mm dünn ausrollen und kleine (4 cm Ø) Kleeblätter ausstechen und dann Kekse auf zwei mit Backpapier ausgelegte Backbleche legen. Im vorgeheizten Backofen (E-Herd: 200 °C/Umluft: 175 °C) ca. 8 Min. backen. Danach Plätzchen herausnehmen und abkühlen lassen.

Puderzucker und Zitronensaft verrühren und mit der Lebensmittelfarbe einfärben. Kleeblätter mit einem Pinsel mit hellgrünem Guss bestreichen. Kekse ca. 1 Stunde trocknen lassen. Fertig!

Zutaten für 4 Portionen:

125 g	Butter
150 g	Zucker
1	Ei
250 g	Mehl
1 Prise	Salz
etwas	Mehl
150 g	Puderzucker
4 EL	Zitronensaft
	grüne Lebensmittelfarbe

VAMPIRFLEDERMAUS

LIEBLINGSESSEN: BLUT

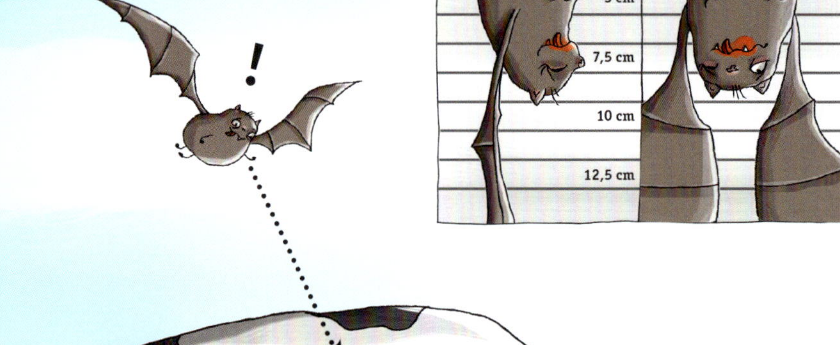

Vampirfledermäuse saugen am liebsten das Blut von Kühen. Ihre «Opferkuh» suchen sie sich nachts aus.

1. AUFSPÜREN

Mit ihrer Nase empfängt die Fledermaus Wärmesignale und spürt somit die Blutadern unter der Kuhhaut auf.

2. BETÄUBUNG UND SÄUBERUNG

Die Fledermaus schleckt die ausgewählte Stelle ab. Ihr Speichel wirkt dabei wie ein Betäubungsmittel. Anschließend rupft sie die störenden Fellhaare der Kuh aus.

3. VAMPIRBISS

Mit ihren messerscharfen Eck- und Schneidezähnen beißt die Fledermaus ein kleines Hautstück heraus. Sie leckt das Blut auf oder schlürft es durch die Zungenrille.

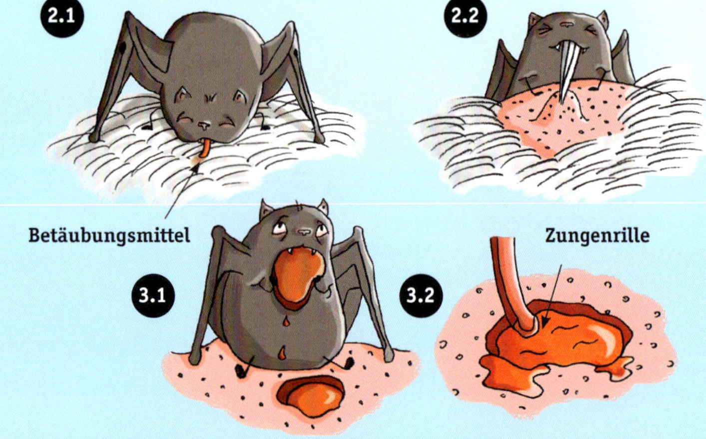

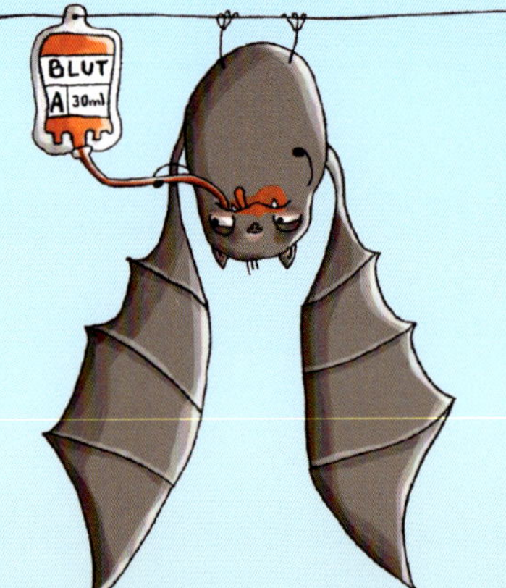

NAHRUNGSMENGE

Pro Mahlzeit trinkt die Vampirfledermaus 20 bis 30 ml Blut.

TREUE

Findet die Vampirfledermaus eine Kuh «zum Anbeißen», so sucht sie diese immer wieder auf, bis die Wunde verheilt ist.

KRÄUTERKNÖDELCHEN

Zutaten für Knödelchen (4 Portionen):

6	Brötchen
250 ml	Milch
1/2 Bund	Petersilie
1/2 Bund	Schnittlauch
1 TL	Majoran
1 TL	Thymian
2	Eier
etwas	Muskatnuss
etwas	Paniermehl

Zutaten für Tomatensoße (4 Portionen):

1	Zwiebel
etwas	Olivenöl
500 g	geschälte Tomaten
etwas	Salz und Pfeffer
etwas	Basilikum

Zubereitung:
Brötchen in kleine Würfel schneiden. Milch erhitzen und über die Brötchen gießen, ca. 20 Min. ziehen lassen. In der Zwischenzeit Petersilie, Schnittlauch, Majoran und Thymian klein hacken.

Die Eier verquirlen und über die Brötchen geben. Petersilie, Schnittlauch, Majoran, Thymian, nach Wunsch Muskatnuss hinzufügen und die Masse gründlich durchkneten. Falls der Teig zu weich sein sollte, Paniermehl nach Bedarf zufügen. Für die Knödel reichlich Salzwasser zum Kochen aufsetzen.

Die Zwiebel klein hacken und in einem Topf mit Olivenöl anbraten, nicht braun werden lassen. Die geschälten Tomaten hinzugeben. Alles etwa 15 Min. köcheln lassen. Mit nassen Händen kleine Knödel formen und portionsweise ins kochende Wasser geben. Wenn die Knödel an der Oberfläche schwimmen, noch ca. 10 Min. ziehen lassen. Die Knödel herausheben und gut abtropfen lassen.

Die Soße mit Salz und Pfeffer abschmecken. Basilikum klein hacken und nach Belieben hinzugeben und zusammen mit den Knödeln servieren.

KLEEBLATT-KEKSE

Zutaten für 4 Portionen:

125 g	Butter
150 g	Zucker
1	Ei
250 g	Mehl
1 Prise	Salz
etwas	Mehl
150 g	Puderzucker
4 EL	Zitronensaft
	grüne Lebensmittelfarbe

Zubereitung:
Verflüssigte Butter, Zucker und Ei in eine Schüssel geben und mit einem Löffel verrühren. Dann Mehl und Salz hinzugeben und zu einem Teig verarbeiten. Teig in Frischhaltefolie einwickeln und ca. 30 Min. kalt stellen.

Teig auf einer mit Mehl bestäubten Arbeitsfläche ca. 4 mm dünn ausrollen und kleine (4 cm Ø) Kleeblätter ausstechen und dann Kekse auf zwei mit Backpapier ausgelegte Backbleche legen. Im vorgeheizten Backofen (E-Herd: 200 °C/Umluft: 175 °C) ca. 8 Min. backen. Danach Plätzchen herausnehmen und abkühlen lassen.

Puderzucker und Zitronensaft verrühren und mit der Lebensmittelfarbe einfärben. Kleeblätter mit einem Pinsel mit hellgrünem Guss bestreichen. Kekse ca. 1 Stunde trocknen lassen. Fertig!

VAMPIRFLEDERMAUS

 LIEBLINGSESSEN: BLUT 

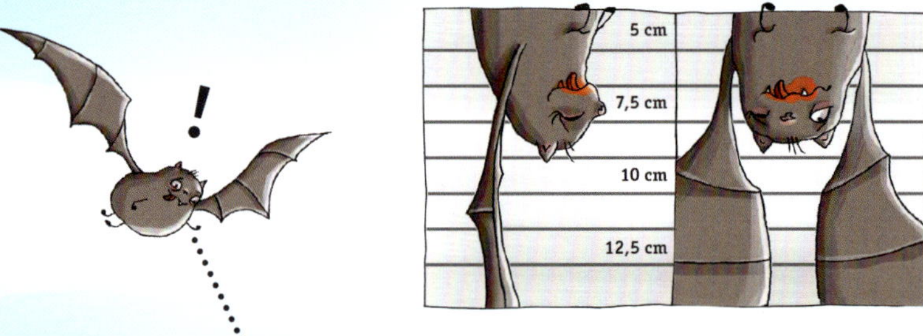

Vampirfledermäuse saugen am liebsten das Blut von Kühen. Ihre «Opferkuh» suchen sie sich nachts aus.

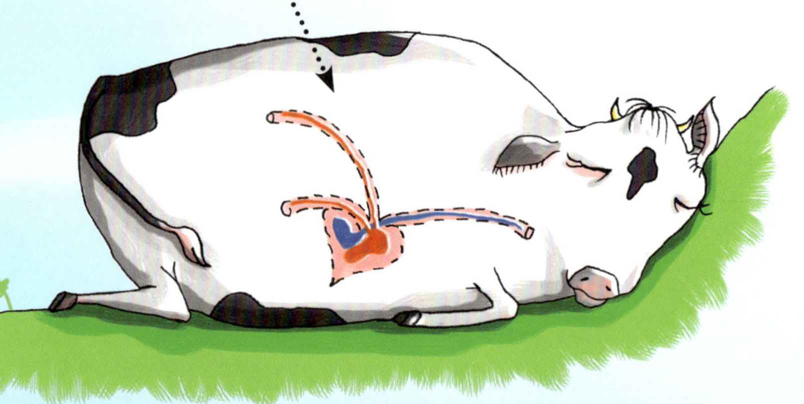

1. AUFSPÜREN

Mit ihrer Nase empfängt die Fledermaus Wärmesignale und spürt somit die Blutadern unter der Kuhhaut auf.

2. BETÄUBUNG UND SÄUBERUNG

Die Fledermaus schleckt die ausgewählte Stelle ab. Ihr Speichel wirkt dabei wie ein Betäubungsmittel. Anschließend rupft sie die störenden Fellhaare der Kuh aus.

3. VAMPIRBISS

Mit ihren messerscharfen Eck- und Schneidezähnen beißt die Fledermaus ein kleines Hautstück heraus. Sie leckt das Blut auf oder schlürft es durch die Zungenrille.

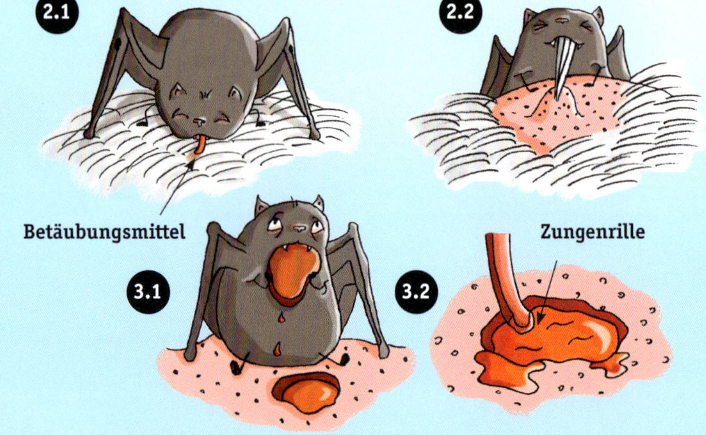

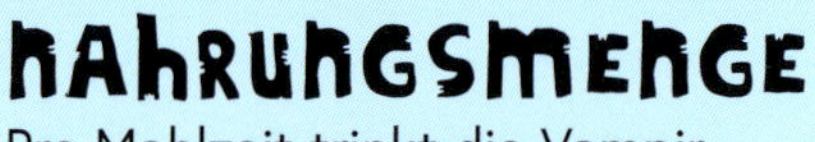

NAHRUNGSMENGE

Pro Mahlzeit trinkt die Vampirfledermaus 20 bis 30 ml Blut.

TREUE

Findet die Vampirfledermaus eine Kuh «zum Anbeißen», so sucht sie diese immer wieder auf, bis die Wunde verheilt ist.

BLUTIGE ROTE-BETE-GNOCCHI

Zutaten für Gnocchi (4 Portionen):

1 kg	mehlig kochende Kartoffeln
250 g	Mehl
1/2 TL	Salz
1	Eigelb
etwas	Mehl

Alternativ:

400 g	Gnocchi (Kühlregal)

Zutaten für Rote-Bete-Soße (4 Portionen):

500 g	vorgegarte Rote Bete (vakuumverpackt)
1 EL	Butter
250 ml	Gemüsebrühe
2 TL	Apfelessig
etwas	Salz und Pfeffer
1 Prise	braunen Zucker
3 EL	saure Sahne
100 ml	süße Sahne
einige	geröstete, gehackte Haselnüsse

Zubereitung:
Kartoffeln ungeschält etwa 20 Min. in einem Topf weich kochen lassen. Wasser abgießen und Kartoffeln ausdampfen lassen.

Kartoffeln pellen und durch die Kartoffelpresse in eine Schüssel drücken. Mehl, Salz, Eigelb hinzugeben und zu einer Teigmasse verkneten. Kurz ruhen lassen. Die Masse mit Hilfe eines Kochlöffels und dann mit bemehlten Händen zu einem glatten Teig vermengen. Aus dem Teig fingerdicke Rollen formen, in etwa 3 cm lange Stücke schneiden und mit einer bemehlten Gabel quer eindrücken.

Rote Bete würfeln, in einen Topf geben und in Butter glasig dünsten. Gemüsebrühe hinzufügen und ca. 5 Min. bei schwacher Hitze kochen. Mit einem Stabmixer pürieren und nochmals aufkochen. Alles mit Essig, Salz, Pfeffer und dem Zucker abschmecken. Das Rote-Bete-Püree mit der sauren und der süßen Sahne vermengen und mit Salz abschmecken.

Einen großen Topf mit Salzwasser zum Kochen bringen. Die Gnocchi ins kochende Wasser geben und etwa 3 Min. ziehen lassen, bis sie an der Oberfläche schwimmen. Danach mit einer Schaumkelle herausheben und gut abtropfen lassen!

Alles auf Tellern anrichten und nach Belieben mit Haselnüssen bestreuen.

BLUTORANGEN-COCKTAIL

GANZ EINFACH!
ZUBEREITUNGS-ZEIT: 15 Min.

Zutaten für 4 Vampirgebisse:

1	roter Apfel
1 TL	frischer Zitronensaft
32	geschälte Mandelstifte

Zutaten für 1 Portion:

100 ml	Blutorangensaft
100 ml	Kirschsaft
1	kleine Kugel Kirscheis

Zubereitung:
Für die Dekoration einen Apfel vierteln und vorsichtig Keile herausschneiden. Die Apfelinnenseiten mit Zitronensaft bestreichen und mit Mandelstiften die «Zähne» einsetzen. Fertig sind die Vampirgebisse!

Blutorangensaft und Kirschsaft mischen, in ein Glas gießen. Dann die Eiskugel hinzugeben. Den Blutorangen-Cocktail mit Strohhalm und «Vampirgebiss» servieren. Prost!

FLAMINGO

LIEBLINGSESSEN: KREBSTIERE UND ALGEN

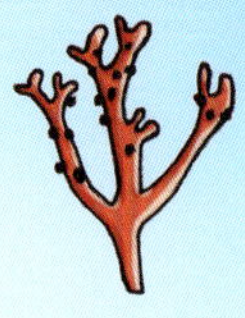

Flamingos stelzen hoheitsvoll durch das Wasser und durchschnäbeln es dabei nach Nahrung. Am liebsten fressen sie kleine Krebse und Algen.

ERRÖTEN

Die Federn der Flamingos sind nicht von Natur aus rosa. Sie bekommen ihre Farbe durch das Futter. Die kleinen Krebstiere und Algen, die Flamingos fressen, enthalten einen Farbstoff. Dieser wandert in die Federn der Flamingos und färbt sie rosa. Je mehr Krebse und Algen Flamingos fressen, desto rosafarbener werden ihre Federn. Hören Flamingos auf, Krebse und Algen zu fressen, werden ihre Federn wieder weiß.

SCHNABELSIEB

Flamingos benutzen ihren Schnabel wie eine Schöpfkelle: Sie lassen das Wasser mit Algen und kleinen Krebsen in ihren Schnabel laufen. Am Ausgang des Schnabels ist eine Art Sieb eingebaut, welches wie ein Filter funktioniert. Mit ihrer Zunge pressen die Flamingos das Wasser durch dieses Sieb heraus. Die Krebse und Algen bleiben im Schnabel zurück und die Flamingos können sie herunterschlucken.

TRAMPELTIER

Mit ihren langen Beinen können Flamingos tiefer ins Wasser gehen als andere Vögel und finden so mehr Nahrung. Reicht das Futter trotzdem nicht aus, trampeln sie mit den Füßen und wirbeln den Schlammboden und das Futter darin hoch!

FEURIGER FLUSSKREBS-BURGER

Zubereitung:
Crevetten kurz abspülen und mit Küchenpapier trocken tupfen. Dann die Selleriestangen vom Grün befreien und in dünne Scheiben schneiden. Zitrone waschen und die Schale abreiben sowie 3 EL Zitronensaft auspressen.

Zitronensaft mit der Mayonnaise, dem Currypulver und dem Salz in einer Schale verrühren.

Salatblätter waschen und halbieren. Die Brötchen halbieren und alle Innenflächen mit Butter bestreichen.

Die untere Burgerhälfte mit den Salatblättern, den Crevetten und zuoberst mit Brunnenkresse belegen, mit der oberen Brötchenhälfte zudecken und sofort servieren.

Zutaten für 4 Portionen:

600 g	kleine Crevetten, gekocht (in Salzwasser/aufgetaut)
2	große Stangen Grünsellerie
1	Zitrone
120 g	Mayonnaise
2 TL	Currypulver (mild)
etwas	Salz
8	große Salatblätter
2 Handvoll	Brunnenkresse
80 g	Butter
4	große Brötchen

ALGENSALAT

Zubereitung:
Gurken in Streifen in ein Abtropfsieb schälen und abtropfen lassen. Gurken in eine Schüssel geben und 250 ml Joghurt hinzufügen.

Eine Knoblauchzehe klein schneiden und in die Schüssel geben sowie mit Salz und Pfeffer abschmecken.

Den Salat in kleine Schüsseln oder auf Teller geben.

Dill und Schnittlauch klein schneiden und über den Salat streuen. Fertig!

Zutaten für 4 Portionen:

2	Gurken
250 ml	Joghurt
1	Knoblauchzehe
etwas	Salz
etwas	Pfeffer
etwas	Dill, Schnittlauch

KAISERPINGUIN

LIEBLINGSESSEN: TINTENFISCHE

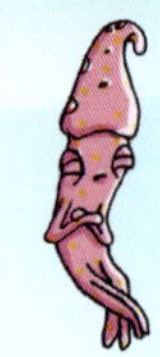

Kaiserpinguine sind die größten Pinguine. Sie wohnen am Südpol. Am liebsten fressen sie kleine Fische und Tintenfische.

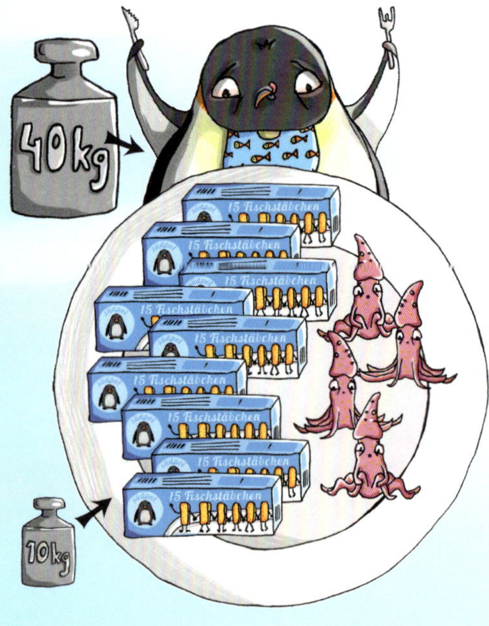

NAHRUNGSMENGE

Kaiserpinguine können bei einem Beutezug bis zu einem Viertel des eigenen Körpergewichts fressen und im Magen transportieren. Bei einem Körpergewicht von 40 kg nimmt ein Kaiserpinguin ca. 10 kg Futter zu sich. Wie viel müsstest du denn dann pro Mahlzeit futtern? Rechne mal aus!

Rechenbeispiel:

Dein Gewicht

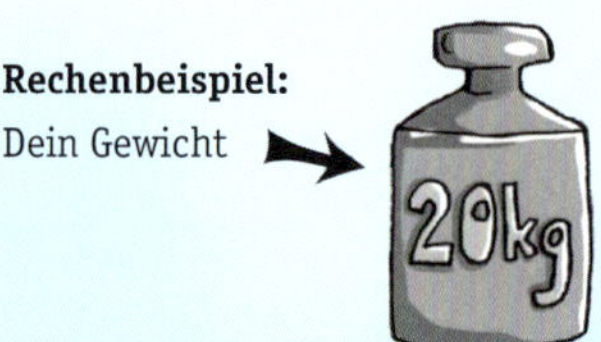

GOLDMEDAILLE

Beim Tauchen nach Nahrung ist der Kaiserpinguin führender Weltmeister. Er hält den Tieftauchrekord von 535 m!

ZISCH!

BESCHLEUNIGUNGSTRICK

Um bei ihrer Jagd schneller tauchen zu können, schlucken Pinguine Steine. Die Steine machen sie schwerer und ziehen sie stärker nach unten. Diese Steine dienen später auch dem Zermahlen der Nahrung im Magen.

REZEPTE

KRAKE IM DIP

Zubereitung:
Petersilie und Schnittlauch klein schneiden. Hüttenkäse, saure Sahne/saurer Halbrahm, Petersilie und Schnittlauch in eine Schüssel geben und verrühren. Mit Salz abschmecken. Auf zwei Tellern je die Hälfte des Dips in die Mitte geben.

Paprikaschoten waschen, unten etwas abschneiden und entkernen. Pro Teller eine Schote hochkant in die Mitte des Dips stellen. Die Oliven halbieren und mit Hilfe des Dips als Augen an die Paprika anbringen oder direkt in den Dip stecken.

Die übrige Paprika in 16 Streifen schneiden und pro Teller 8 Paprikastreifen als Tentakel in den Dip legen.
Das Ganze sieht dann so aus, als schaue der Tintenfisch aus dem Dip heraus.

Zutaten für 4 Portionen:

etwas	Petersilie und Schnittlauch
200 g	Hüttenkäse
200 ml	saure Sahne/Halbrahm
etwas	Salz
3	rote oder orange Paprikaschoten
2	Oliven

GANZ EINFACH! ZUBEREITUNGS-ZEIT: 20 MIN.

FISCHSTÄBCHENSPIESSE

Zubereitung:
Fischstäbchen 10 Min. antauen lassen und nach Packungsanleitung im Ofen zubereiten.

Champignons putzen, abreiben und in einer Pfanne mit 1 EL Öl anbraten. Abkühlen lassen.

Dann Paprikaschoten halbieren, entkernen, waschen und in 16 Stücke scheiden. Je 4 Paprikastücke und 4 Champignons abwechselnd auf insgesamt 4 Holzspieße stecken. In die bereits benutzte Pfanne einen weiteren Löffel Öl geben und die Gemüsespieße darin von allen Seiten ca. 3 Min. anbraten.

Fischstäbchen ebenfalls abkühlen lassen und halbieren.
Die halbierten Fischstäbchen gleichmäßig verteilt auf 4 Holzspieße stecken (pro Spieß 6 Hälften).

Gemüsespieße mit Salz und Pfeffer würzen, Fischspieße mit Zitronensaft beträufeln und je einen Gemüsespieß und einen Fischspieß auf einem Teller anrichten. Abschließend mit Petersilie bestreuen und mit Zitronenschnitzen dekorieren. Fertig!

Zutaten für 4 Portionen:

12	Fischstäbchen (tiefgefroren)
16	kleine weiße Champignons
2 EL	Olivenöl
1	gelbe Paprikaschote
etwas	Salz
1	Zitrone
1 EL	gehackte Petersilie

EINFACH! ZUBEREITUNGS-ZEIT: 30 MIN.

ELEFANT

LIEBLINGSESSEN: ERDNÜSSE

Elefanten sind die größten noch lebenden Landtiere. Ihre Markenzeichen sind der lange Rüssel und die großen Ohren. Sie leben in Afrika und Asien und fressen am liebsten Erdnüsse.

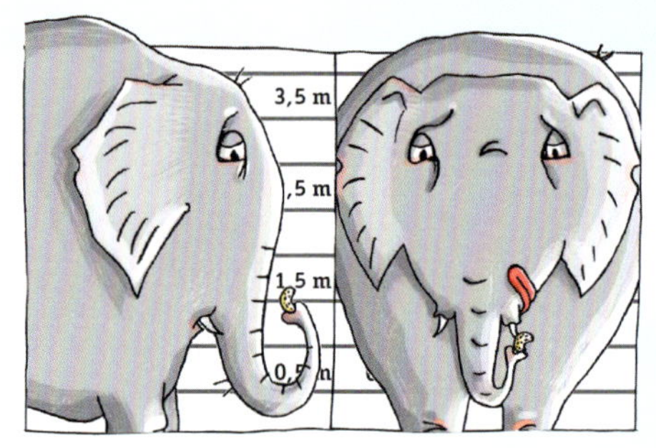

RÜSSELHAND

Ein Elefant hat etwa 40.000 Muskeln in seinem Rüssel und keine Knochen. Dank dieser Muskeln kann ein Elefant, außer riechen und saugen, auch tasten und greifen. Elefanten benutzen ihren Rüssel wie eine Hand. Sie erreichen Futter sogar bis zu einer Höhe von 6 Meter! Auch ganz kleine Dinge können sie mit dem Rüssel aufheben wie zum Beispiel Erdnüsse. Dabei helfen ihnen «Finger» an der Rüsselspitze. Afrikanische Elefanten besitzen zwei Finger, asiatische Elefanten nur einen.

Asiatischer Elefant: 1-Finger-Rüssel

Afrikanischer Elefant: 2-Finger-Rüssel

GRÖßTER APPETIT

Elefanten haben von allen Landsäugetieren den größten Appetit! Sie fressen täglich 17 Stunden lang bis zu 400 kg Nahrung. Das entspricht einer Tagesration von 2.000 Dosen Erdnüssen!

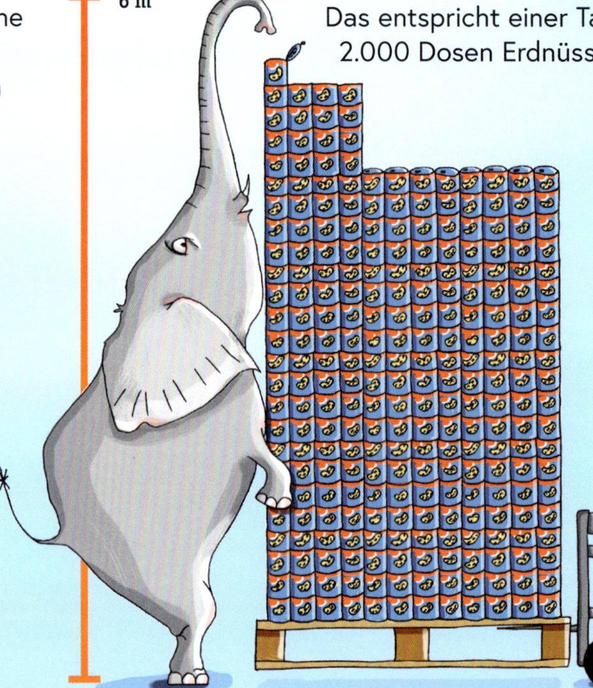

NAHRUNG UND HERDENGRÖßE

Gibt es viel Nahrung, schließen sich kleine Herden zu großen zusammen und es werden mehr Elefantenbabys geboren.

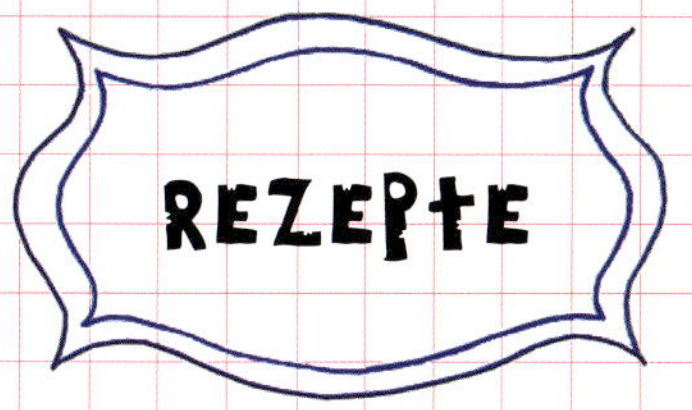

Erdnuss-Kartoffel-Topf

Zubereitung:
50 g Erdnüsse in einer beschichteten Pfanne rösten (ohne Öl oder Butter), anschließend grob hacken.

Zwiebel und Kartoffeln schälen und klein schneiden. Zwiebel mit 2 EL Butter anschwitzen. Gemüsebouillon und Kartoffeln hinzugeben. Bei geringer Hitze kurz aufkochen, 20 Min. köcheln lassen und dann pürieren. 100 ml Sahne und 1/4 TL Muskatnuss hinzugeben und nochmals erwärmen.

100 ml Sahne schaumig schlagen und 3/4 der Nüsse hinzumischen.

Die Suppe in einen tiefen Teller geben, mit der Erdnusscreme und dem geschnittenen Schnittlauch anrichten sowie mit den restlichen Erdnüssen dekorieren.

Zutaten für 4 Portionen:

50 g	Erdnüsse
1	Zwiebel
500 g	Kartoffeln (mehlig kochend)
2 EL	Butter
600 ml	Gemüsebouillon
200 ml	Sahne
1/4 TL	Muskatnuss
etwas	Schnittlauch

Erdnusshörnchen

Zubereitung:
Mehl in eine Schüssel sieben und mit Hefe, Salz und Zucker vermischen. Weiche Butter hinzugeben. Dann mit der Milch verkneten, sodass ein glatter Teig entsteht.

In eine größere Schüssel warmes Wasser geben, die kleine Schlüssel mit dem Teig in diese hineinstellen (Wasser darf nicht in Schüssel mit Teig laufen) und mit feuchtem Tuch abdecken. Eine Stunde gehen lassen.

In der Zwischenzeit die Füllung zubereiten. Hierzu Erdnussbutter, Salz, Butter und Puderzucker verrühren.

Blech mit Backpapier belegen. Teig auf einer leicht bemehlten Arbeitsfläche nochmals durchkneten, etwa 1 cm dick ausrollen und in 12 gleich große Dreiecke ausschneiden. Auf jedes Dreieck jeweils etwa 1 TL Erdnussfüllung geben und aufrollen. Die Hörnchen mit reichlich Abstand auf das Blech legen und mit Eigelb bestreichen und mit Erdnusssplittern bestreuen. Weitere 15 Min. gehen lassen.

Ofen auf 200 °C vorheizen.

Hörnchen 10 bis 15 Min. goldgelb backen.

Zutaten für 4 Portionen:

Hefeteig:

375 g	Mehl
1 Pkg.	Trockenhefe
1/2 TL	Salz
50 g	Rohrzucker
75 g	Butter
175 ml	Milch
1	Eigelb
3 – 4	Erdnüsse (klein gehackt)

Erdnussfüllung:

60 g	Erdnussbutter
2 Prisen	Salz
30 g	Butter
20 g	Puderzucker

Rotfuchs

Lieblingsessen: Hühner

Füchse streifen in der Dämmerung und nachts durch ihr Jagdgebiet und suchen nach Futter. Sie fressen prinzipiell alles und sehr gerne Hühner.

Fuchs, du hast ~~die Gans~~ gestohlen …

Das Kinderlied «Fuchs, du hast die Gans gestohlen» stimmt nicht ganz. Eine ausgewachsene Gans ist für einen Fuchs viel zu groß, Junggänse können aber durchaus auf dem Speiseplan stehen. Gerne stiehlt er sich ein Huhn aus dem Hühnerstall. Besonders in der Jungenaufzuchtszeit braucht die Fuchsfamilie viel Futter. Ein Huhn macht ungefähr so satt wie 65 Feldmäuse.

Ich höre was, was du nicht hörst …

Ihre Beute spüren Füchse nicht nur mit ihrer feinen Nase, sondern auch mit ihren guten Ohren auf. Sie können sogar Regenwürmer hören, die unter der Erde kriechen!

Ganz schön schlau

Der Fuchs hat einen Trick auf Lager, um aasfressende Beutetiere (wie Krähen) anzulocken: Er stellt sich tot. Die Krähen picken den Fuchs mehrmals kurz an, um zu testen, ob der Fuchs auch wirklich tot ist und sie sich über ihn hermachen können. Doch plötzlich wird der Fuchs quicklebendig und schnappt schnell zu!

Hühnchen auf der Wiese

Zutaten für 4 Portionen:

8	Hähnchenschenkel
etwas	Salz
250 g	Basmatireis
1	große Zwiebel
2	gelbe Paprika
1	Knoblauchzehe
3 EL	Olivenöl
etwas	Pfeffer
1/2 TL	Kurkuma
1/2 TL	Paprikapulver edelsüß
500 ml	Hühnerbrühe
1	Kolben Zuckermais
etwas	Petersilie

Zubereitung:
Backofen auf 220 °C Umluft vorheizen. Hähnchenschenkel einsalzen und in einer Bratform ca. eine Stunde in den Ofen stellen, bis die Haut schön knusprig ist.

Reis nach Anleitung kochen.

Zwiebel schälen, Paprika vierteln und entkernen. Beides grob würfeln. Knoblauch schälen und eine Zehe in feine Scheiben schneiden.

Öl in einer beschichteten Pfanne erhitzen. Zwiebel, Paprika und Knoblauch darin andünsten und mit Salz, Pfeffer, Kurkuma und Paprikapulver würzen. Die Brühe nach Packungsanleitung zubereiten und zugießen, Reis und Mais untermengen.

Sobald die Hähnchenschenkel schön knusprig sind, vorsichtig das Reis-Gemüse-Bett unter und neben die Hähnchenschenkel löffeln und nochmals für 10 Min. in den Backofen geben.

Auf Tellern anrichten, gegebenfalls mit Petersilie garnieren und fertig!

Lustige Wurmkette

Zutaten pro Wurm:

10	grüne Trauben (Körper)
2	kleine rote Trauben (Augen)

Zubereitung:
Mit einer Nadel zunächst die 10 grünen Trauben auffädeln und zum Schluss die 2 roten. Nachdem alle 12 Trauben aufgefädelt sind, die Nadel mit dem Faden nochmals durch die zuletzt aufgefädelte grüne Traube stechen, verknoten, fertig!

Tipp: Zum Garnieren kannst du aus Mandarinen (Blütenblätter) und Bananen (in Scheiben geschnitten – tolle Fruchtkörper!) Blumen legen.

HAUSSCHWEIN

LIEBLINGSESSEN: ALLES

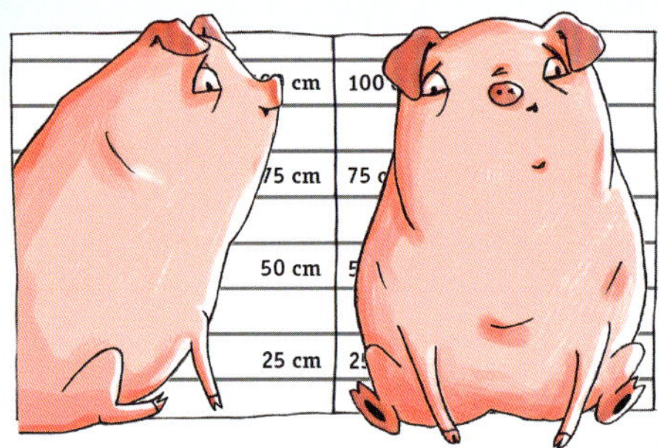

Schweine sind wie wir Menschen Allesesser. Sie fressen alles, was ihnen vor den Rüssel kommt. Deshalb essen sie auch ALLE Gerichte in diesem Buch sehr gerne. Und das freut uns natürlich!

VIELKÖNNER

Der Rüssel ist für die Futtersuche ein wichtiges Körperteil. Mit ihm können Schweine riechen, fühlen, tasten, saugen und wühlen.

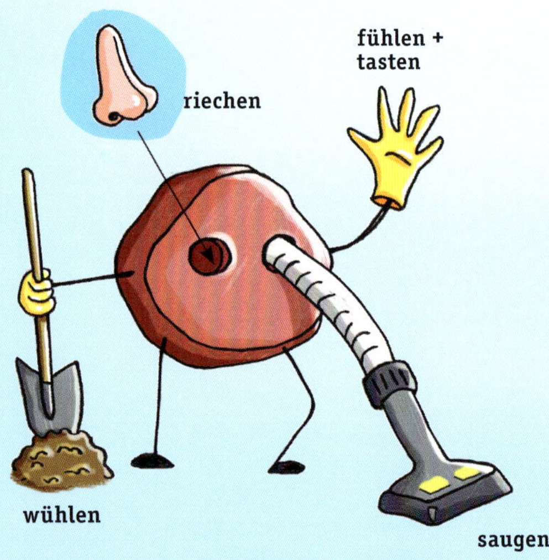

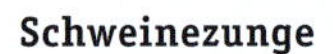

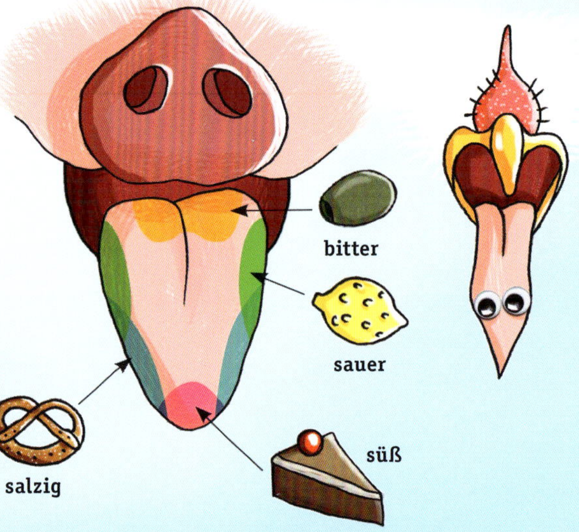

GUTER GESCHMACK

Ihr Futter prüfen Schweine nach Größe, Farbe, Oberfläche und vor allem nach dem Geschmack. Sie schmecken wie wir Menschen süß/sauer und bitter/salzig. Zum Vergleich: Ein Huhn prüft sein Futter nur nach dem Aussehen.

SPÜRNASE

Schweine können besser riechen als Hunde. Sie können einen halben Meter tief in die Erde riechen! Deswegen helfen Schweine bei der Trüffelsuche. Trüffel sind erlesene Pilze, die unter der Erde wachsen.

PENNE ALLERLEI

Zubereitung:
Penne im Salzwasser in einem Topf nach Packungsanleitung kochen und anschließend abtropfen lassen. 2 EL Butter in eine große Pfanne geben, Penne hinzufügen und leicht anbraten. Eier hinzugeben und mit den Nudeln verrühren. Nochmals kurz anbraten, bis die Eier fest sind, und mit Salz abschmecken.

Zwischenzeitlich Schnittlauch und Petersilie klein hacken.

Penne auf einem Teller anrichten und mit der Petersilie und dem Schnittlauch bestreuen. Nach Bedarf kannst du das Ganze auch noch mit halbierten Kirschtomaten garnieren.

Zutaten für 4 Portionen:

400g	Penne (Nudeln)
etwas	Salz
2 EL	Butter
3	Eier
etwas	Schnittlauch
etwas	Petersilie
	nach Bedarf Kirschtomaten

GANZ EINFACH! ZUBEREITUNGS-ZEIT: 35 MIN.

FROSCHQUARK

Zubereitung:
Quark in eine Schüssel geben. Apfel klein reiben und Bananen stampfen. Apfel, Bananen, Zitronensaft und Rohrzucker zum Quark geben und gut umrühren. Schon fertig!

Für die Dekoration einen grünen Apfel vierteln und vorsichtig Keile als Mund herausschneiden. Den roten Apfel schälen. Schalen als Froschzungen zurechtschneiden und im «Maul» feststecken. Vier ca. 1 cm dicke Bananenscheiben halbieren und mit jeweils einer Zahnstocherhälfte als «Augen» feststecken. In jedes Auge eine Rosine drücken.

Fertig sind die Frösche!

Zutaten für 4 Portionen:

500 g	Quark
1	Apfel
2	Bananen
1 TL	Zitronensaft
2 EL	Rohrzucker

Zutaten für 4 Frösche:

1	grüner Apfel
1	roter Apfel
1	Banane
4	Zahnstocher
8	Rosinen

SUPER-EINFACH! ZUBEREITUNGS-ZEIT: 15 MIN.